ハンドメイドベビー服 enanna(エナンナ)の
90〜130センチサイズの
こども服

ネットショップenanna 代表
朝井牧子 著

Introduction

この本にのっているのは、小さな女の子たちに

普段着として着てほしい、カジュアルでシンプルなお洋服です。

どのアイテムも一つひとつ、ほんの少しデザインポイントがあって、

作ってみるととてもかわいく仕上がります。

手作りならではのあたたかみのあるこども服は、

たとえサイズアウトしても残しておきたいと思うほど、

いつまでもかけがえのないものだと思います。

朝井牧子

Contents

- **A** ゴムタックショートパンツ …………………… p.6 (p.26)
- **B** a フレア T シャツ …………………… p.6 (p.28)
-      b フレアワンピース …………………… p.7 (p.28)
- **C** ギャザーワンピース …………………… p.8 (p.30)
- **D** シャツワンピース …………………… p.9 (p.32)
- **E** ボーダー T シャツ …………………… p.10 (p.36)
- **F** ロールアップパンツ …………………… p.10 (p.38)
- **G** 袖フリル T シャツ …………………… p.11 (p.40)
- **H** フリルショートパンツ …………………… p.11 (p.42)
- **I** ヨークフリルブラウス …………………… p.12 (p.44)
- **J** スカラップレースのブラウス …………………… p.12 (p.46)
- **K** チュールギャザーブラウス …………………… p.13 (p.48)
- **L** 丸衿ギャザーブラウス …………………… p.14 (p.50)
- **M** ショートパンツ …………………… p.14 (p.52)

N	フリル袖ブラウス	p.16 (p.54)
O	テーパードパンツ	p.17 (p.56)
P	チェスターコート	p.18 (p.57)
Q	マチつきフレアスカート	p.19 (p.60)
R	タックスカート	p.19 (p.62)
S	けんばんハーモニカケース	p.20 (p.35)

＊（　）内は How to make のページ

楽しいソーイング

基本的な道具 …………………………………………… p.22

ミシン糸とミシン針・ニット用の針と糸・布の幅・
布の名称・布の必要量の目安・布の水通しと地直し ……… p.23

型紙を作る・布を裁つ …………………………………… p.24

ソーイングの基本 ………………………………………… p.25

B-a

A
ゴムタックショートパンツ

ゴムのつけ方を工夫したことで
やわらかいタックができ、
ウエストインしても
かわいいように仕上げました。
How to make p.26

実物大型紙：A面

B
a フレアTシャツ
b フレアワンピース

姉妹おそろいで。妹のほうはワンピース。
お姉ちゃんのほうは
着丈を短くしてTシャツに。

How to make p.28

実物大型紙：A面
布地提供：a [jack & bean]
綿30双糸スーパー度詰天竺／マリーン

B-b

C
ギャザーワンピース

ローウエストで切り替えた
ギャザーワンピースは、
シンプルですが飽きのこないデザインです。

How to make p.30

実物大型紙：A面
布地提供：［生地の森］ベルギーリネンローン
ナチュールドット
1/60番手／オフ×ブラック

Here I come.   my 👓
Here I go.   the 🚲

up and down   Come here.
up and in   See here.

Jump up.   I can.
Jump down. I can ride.
Jump in.   I can go.
Come in.   I can see.

Come and see. Down here.
Come and ride. Up here.

D
シャツワンピース

本格的なシャツ仕様のワンピース。
身幅はゆったりめなので、
ウエストのリボンで少し絞って着るのがおすすめ。

How to make p.32

実物大型紙：A面
布地提供：[生地の森] 1/50 番手
コットンギンガムチェック／ブラック

E
ボーダーTシャツ

クロスショルダーのボーダーTは、
頭が入りやすく、着心地もバツグン。
普段使いのアイテムとして。

How to make p.36

実物大型紙：B面
布地提供：[jack & bean] 綿20双糸度詰天竺ボーダー／
生成り＋ロイヤルブルー

F
ロールアップパンツ

たっぷりシルエットのおしゃれなパンツ。
裾をロールアップして着るように、
少し長めの着丈にしました。

How to make p.38

実物大型紙：B面

G
袖フリルTシャツ

袖のフリルがポイント。
カジュアルに、でも女の子らしくを意識したデザインです。
How to make p.40
実物大型紙：B面
布地提供：［jack & bean］（表布）綿コーマ糸
40双糸天竺ニット／杢オートミール （衿布）綿
コーマ糸フライスニット／杢オートミール

H
フリルショートパンツ

ブルーのリネンを使って爽やかに。
カーブをつけた切り替えに
フリルを挟んだガーリーなデザイン。
How to make p.42
実物大型紙：B面
布地提供：［生地の森］綿麻フレンチリネン
ピンヘッド先染め／マリンブルー

I
ヨークフリルブラウス

やさしい雰囲気のブラウス。
ふんわり感を出すため、ボイルなど
薄手のやわらかい生地で作ってみてください。

How to make p.44

実物大型紙：B面
布地提供：[CHECK&STRIPE]
コットンリネンレジェール／ホワイト

J
スカラップレースのブラウス

Aラインのシンプルなシルエット。
袖と裾のスカラップレース使いが
ポイントです。

How to make p.46

実物大型紙：C面
布地提供：[CHECK&STRIPE]　参考商品

K
チュールギャザーブラウス

ブロードにやわらかなチュールを重ねた、
ふんわりシルエットの女の子らしい一枚です。

How to make p.48

実物大型紙：C面
布地提供：[CHECK&STRIPE]
（表布）海のブロード／ブラック
（チュール）チュールプティパニエ／ブラック

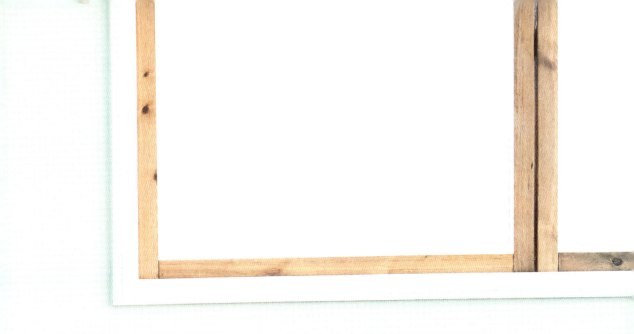

L
丸衿ギャザーブラウス

やわらかいリネンで作ると、
ペプラムのギャザーがきれいに入り、
とても素敵に仕上がります。

How to make p.50

実物大型紙：C面
布地提供：［CHECK&STRIPE］天使のリネン／
グレイッシュブラウン（90㎝サイズ使用）

M
ショートパンツ

ポケットのステッチがポイント。
シンプルなショートパンツは
定番アイテムとして大活躍してくれます。

How to make p.52

実物大型紙：C面
布地提供：［CHECK&STRIPE］
（110㎝サイズ）コットントゥジュー／ベージュ
（90㎝サイズ）リネン混ダンガリー／シックブルー

N
フリル袖ブラウス

大きなフリル袖がキュート。
前開きなので、
自分でお着替えもしやすいですね。

How to make p.54

実物大型紙：C面
布地提供：[CHECK&STRIPE] リバティプリント
Celandine／ペールピンク

テーパードパンツ

きれいなラインのパンツです。
シンプルな仕様なので
洋裁初心者の方にもおすすめ。
How to make p.56
実物大型紙：D面

P
チェスターコート

身幅たっぷりの一重仕立てのチェスターコート。
着るととても大人っぽくて素敵です。
How to make p.57
実物大型紙:D面
布地提供:[生地の森] コットンライトキャンバス／
カーキベージュ

Q
マチつきフレアスカート

ミニ裏毛で仕立てたマチつきスカート。
マチの大きさが大小あって、とてもユニークな表情に。

How to make p.60

実物大型紙：D面
布地提供：[jack & bean]
（表布）40/20 綿ミニ裏毛黒地／杢グレー No.90
（別布）綿 30 スパンフライス黒地／杢グレー No.90

R
タックスカート

張りのある丈夫な生地を使い、
タックを多めに入れることで
立体感あるシルエットに。

How to make p.62

実物大型紙：D面
布地提供：[CHECK&STRIPE]
力織機で織ったコットン／レモン

S
けんばんハーモニカケース

キルティングで作ったけんばんハーモニカケース。
こどもとの生地選びも楽しみの一つになります。
How to make p.35

実物大型紙：D面
布地提供：[CHECK&STRIPE]
（表布）リバティプリントキルティング Charlotte／ブルー系

How to make

姉妹でおそろいにしたり、色違いにしたり、
かわいい女の子のお洋服作りを楽しんでください。

[この本のこども服のサイズ]

■この本の子ども服作品は下記サイズをもとにしたものです。
　身長 90cm、100cm、110cm、120cm、130cmサイズのお洋服が作れます。
　お子さんのサイズに合わせて型紙を選んでください。
　ワンピースの着丈やパンツ丈などはお子さんに合わせて調節してください。
■口絵モデルのお子さんは小さいお子さんが身長 90cm、大きいお子さんが 110cmサイズを着用しています。

[材料と裁ち方について]

■ How to make ページの「材料」ではこども服は 90cm、100cm、110cm、120cm、130cmの場合の材料を記載しました。
　指定のない 1 つの数字は全サイズに共通です。
■裁ち方図や作り方図内に並んでいる数字は 90cm、100cm、110cm、120cm、130cmの場合の順です。
■布を裁つときは裁ち方図を参考にしてください。裁ち方はサイズによって配置が異なる場合があります。
　この本では 110cmサイズで裁ち方図を作成しています。

[参考サイズ]

90 ……2 歳くらい。身長 90cm、体重 12 〜 14kg
100……3 歳くらい。身長 100cm、体重 14 〜 16kg
110……4 〜 5 歳くらい。身長 110cm、体重 16 〜 20kg
120……6 歳くらい。身長 120cm、体重 20 〜 22kg
130……7 〜 8 歳くらい。身長 130cm、体重 22 〜 26kg

楽しいソーイング

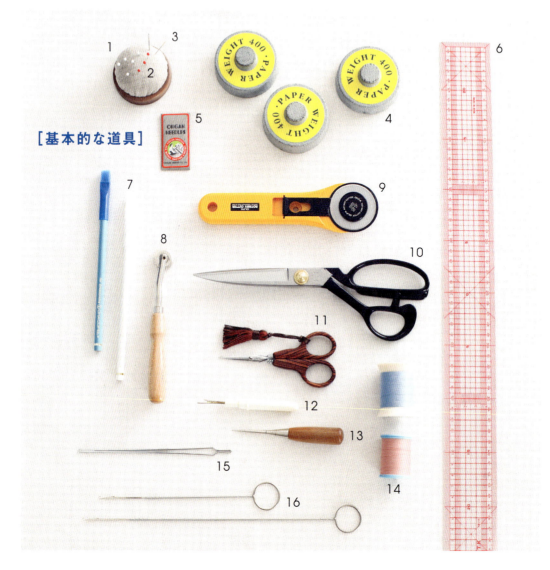

[基本的な道具]

1. 針山
作業中、針を一時的に
刺しておきます。

2. まち針
布がずれないように
まち針でとめて使います。

3. 手ぬい針
手ぬいでまつるときなどに
使います。

4. ウエイト
型紙をハトロン紙に写すとき
など、これで押さえます。

5. ミシン針
布の厚さによって
適した針を使います。

6. 方眼定規
方眼のラインで平行線を
引くことができ、カーブも
定規を起こしてはかれます。

7. チャコペンシル
布地に型紙を写すときや、
ぬいしろの印つけに使います。

8. ルレット
チャコ紙で布地に型紙を
写すときなどに使います。

9. ロータリーカッター
布を平らに置き、型紙に沿って
刃を転がしてカットします。

10. 裁ちばさみ
布以外のものを切ると切れ味が
落ちるので布地専用に。

11. 手芸用はさみ
細かな切り込みを入れたり、
糸を切るのに便利。

12. リッパー
ぬい目の糸切りに使います。
ぬい目をほどくときなどに便利。

13. 目打ち
角を整えたり、
ぬい目をほどいたりに。

14. ミシン糸
ミシンや布によって適した
太さや色の糸を使います。

15. ゴム通し
ウエストや袖口にゴムテープを
通すときに使います。

16. ループ返し
先がカギになっているので、
細いひもでも簡単に裏返せます。

［ミシン糸とミシン針］

ローンなどごく薄い布 ── 90番の糸、9号針
普通の厚さの布 ──────── 60番、50番の糸、11号針
普通〜厚地の布 ───────── 30番の糸、14号針
デニムなど厚地の布 ──── 20番の糸、16号針

［ニット用の針と糸］

ニット地をぬうにはニット用の針と糸を使用します。
ミシンはロックミシンがおすすめです。
直線用ミシンでぬうときは肩をぬい合わせるときなど、
伸び止めテープを貼ってぬいます。

［布の幅］

90〜92cm ──── ギンガムやシルク、ブロードなど。
110〜120cm ── コットンやリネン、化繊など。
140〜180cm ── ウールやニット地など

［布の名称］

布幅 ──────── 布の横地の耳から耳まで。
耳 ──────── 織り糸が折り返している両端。
縦地 ──────── 耳に平行している布目で、
　　　　　　　裁ち方図に矢印で示しています。
横地 ──────── 耳に対し直角の布目。
バイアス ──── 縦地に対して45度の角度で伸びやすい。

［布の必要量の目安］

90〜92cm

ブラウス ──────［身頃丈＋袖丈］×2＋30cm
ワンピース ────［身頃丈＋スカート丈＋袖丈］×2＋30cm
スカート ──────スカート丈×2＋20cm

110〜120cm

ブラウス ──────身頃丈×2＋袖丈＋30cm
ワンピース ────［身頃丈＋スカート丈］×2＋袖丈＋30cm
スカート ──────スカート丈×2＋20cm

140〜180cm

ブラウス ──────身頃丈＋袖丈＋20cm
ワンピース ────身頃丈＋スカート丈＋袖丈＋20cm
スカート ──────スカート丈＋15cm
（ベルトがつく場合は、ベルトの長さ＋5cm）

＊パンツの場合はスカート丈のところをパンツ丈にしてください。

［布の水通しと地直し］

洗濯による縮みを防いだり、布目を真っすぐにするため、布を裁つ前に地直しをします。

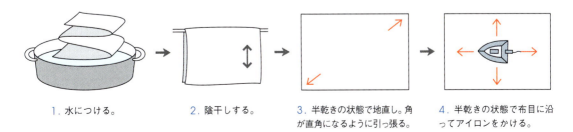

1. 水につける。
2. 陰干しする。
3. 半乾きの状態で地直し。角が直角になるように引っ張る。
4. 半乾きの状態で布目に沿ってアイロンをかける。

［型紙を作る］

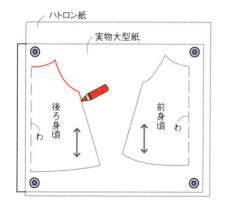 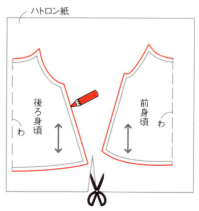

1. 実物大型紙の上にハトロン紙（トレーシングペーパーでもよい）をのせ、ウエイトでずれないように固定して鉛筆で写す。「わ」や布目線、「ポケットつけ位置」など型紙の中の印をかき写す。

2. 裁ち方図を参照してぬいしろをつける。ハトロン紙をはずして、でき上がり線どおりにはさみで切る。

［布を裁つ］

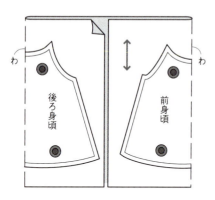 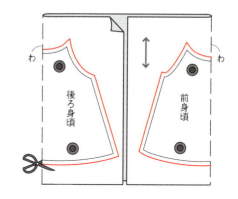

1. 裁ち方図を参考に、布目線が真っすぐになるように布を中表にたたみ、上に型紙を置く。型紙の「わ」の部分と布の「わ」を合わせる。

2. 間違いがないかよく確認してから、ぬいしろ線を裁断する。布は平らに置き、なるべく布を動かさないようにしてカットする。

■ 布を裁つときのポイント

角の部分はぬいしろが不足しないように注意。図のようにぬいしろを折りたたんだ状態にしてカットする。

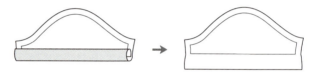

［ソーイングの基本］

■ わ

布地を二つに折ってできる部分を「わ」といいます。

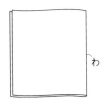

■ ぬいはじめ、ぬい終わり

ぬいはじめやぬい終わりは、糸がほつれないように1cmほど重ねて返しぬいします。

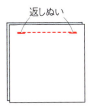

■ 中表と外表

布地の表と表を向かい合わせて重ねることを「中表」といい、裏と裏を向かい合わせて重ねることを「外表」といいます。

■ 三つ折り

裾や袖の始末に、でき上がり線で一度折り、さらに布端を内側に入れて折ります。

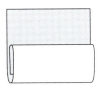

■ 四つ折り

バイアス布を作るときなどに、端と端を中心に合わせて折り、さらに中心で折ります。

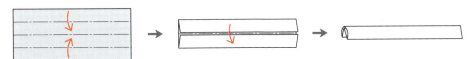

■ バイアス布を作る

布目に対して45度の角度で必要な布幅にカットします。

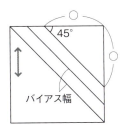

■ バイアス布のはぎ方

2枚のバイアス布を中表に直角に合わせてぬいます。ぬいしろを割り、余分なぬいしろをカットします。

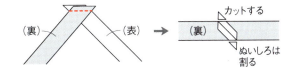

■ ボタンホールの作り方

1. チャコペンでボタンホールを描く。
2. 細かい目のジグザグミシンをかける。
3. リッパーで切り込みを入れる。

A ゴムタックショートパンツ

photo p.6

[材料]
用尺は左から身長90／100／110／120／130cmの順
表布　110cm幅×50／50／60／70／80cm
別布（シーチング薄手）　110cm幅×20cm（共通）
伸び止めテープ（ストレート）　12mm幅×30cm
ゴム　25mm幅×43／45／47／50／53cm

[実物大型紙 A面]

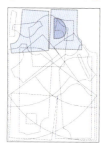

・前パンツ
・後ろパンツ
・袋布A
・袋布B
・前見返し
・後ろ見返し

[裁ち方図]
単位cm　ぬいしろは指定以外1cm
用尺は上から身長90／100／110／120／130cmの順

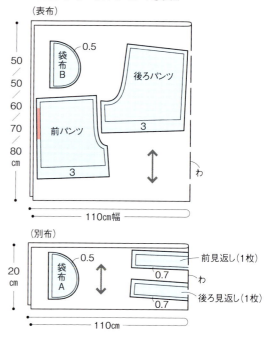

How to make

1 ポケットを作る

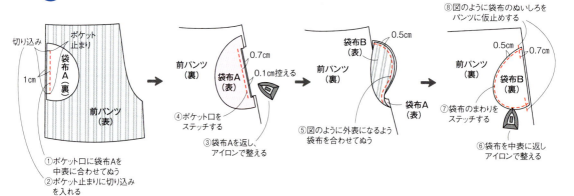

2 脇をぬう

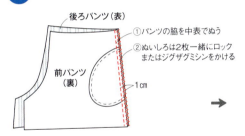
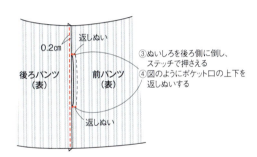

3 股下をぬう

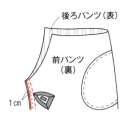

4 股上をぬう

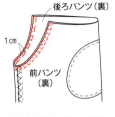
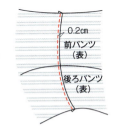

5 裾を上げる

6 ウエストを始末する

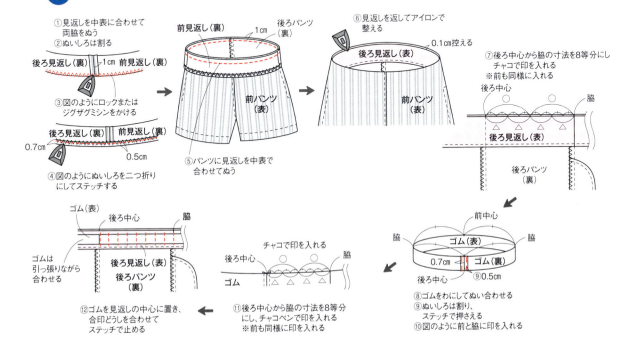

B
a フレア Tシャツ
b フレアワンピース

photo p.6,7

[材料]
用尺は左から身長90／100／110／120／130cmの順

a フレア Tシャツ
表布（ニット地） 180cm幅×90／90／100／110／120cm

b フレアワンピース
表布（ニット地） 180cm幅×120／130／140／160／180cm

ab 共通
ニット用接着芯 縦20cm×横30cm
ニット用伸び止めテープ（ストレート） 2mm幅×15cm
※針と糸はニット専用のものを使う

[裁ち方図]
単位cm ぬいしろは指定以外1cm
用尺は上から身長90／100／110／120／130cmの順
※フレアワンピースも同様に配置する

[実物大型紙 A面]

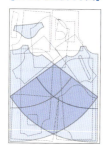

・前身頃
・後ろ身頃
・袖
・前見返し
・後ろ見返し

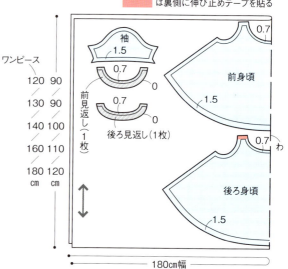

How to make

1 身頃の肩をぬう

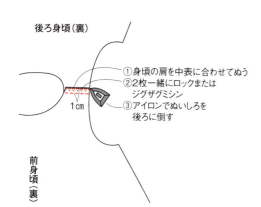

①身頃の肩を中表に合わせてぬう
②2枚一緒にロックまたはジグザグミシン
③アイロンでぬいしろを後ろに倒す

2 見返しをぬう

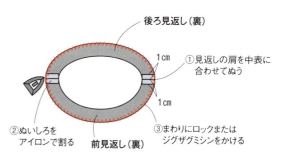

①見返しの肩を中表に合わせてぬう
②ぬいしろをアイロンで割る
③まわりにロックまたはジグザグミシンをかける

3 衿ぐりを始末する

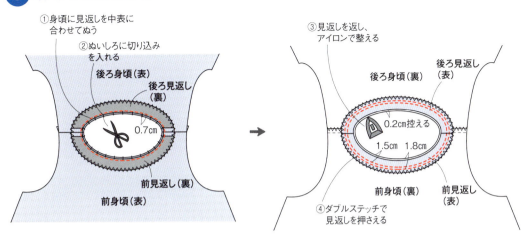

4 袖をつける

5 袖下と脇をぬう

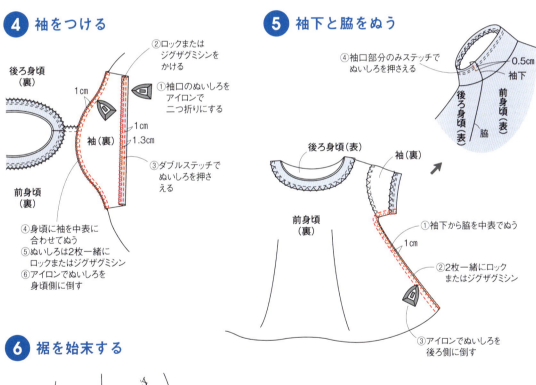

6 裾を始末する

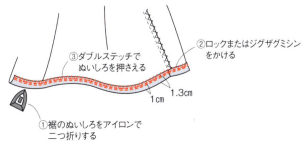

C ギャザーワンピース

photo p.8

[材料]
用尺は左から身長90／100／110／120／130㎝の順
表布　110㎝幅×120／130／140／160／170㎝
ボタン　直径11.5㎜　1個

[実物大型紙 A面]

・前身頃
・後ろ身頃
・スカート
・袖

[裁ち方図]　単位㎝　ぬいしろは指定以外1㎝
用尺は上から身長90／100／110／120／130㎝の順

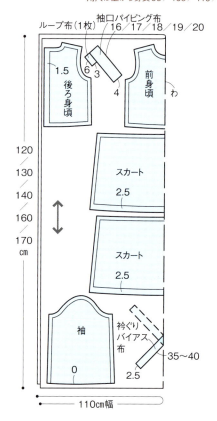

How to make

1 後ろ身頃の中心をぬう

2 身頃の肩と脇をぬう

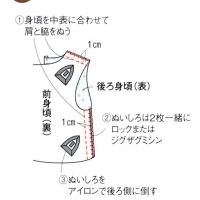

3 衿ぐりを始末する

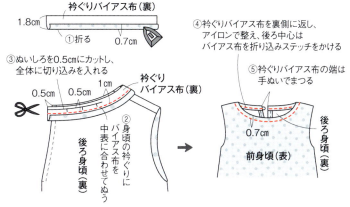

4 スカートの脇をぬい、裾を上げる

5 身頃とスカートをぬい合わせる

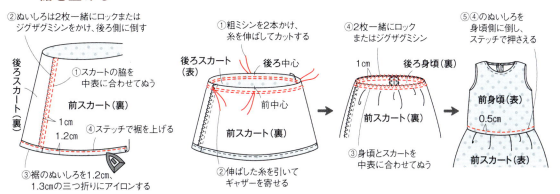

6 袖を作り、身頃につける

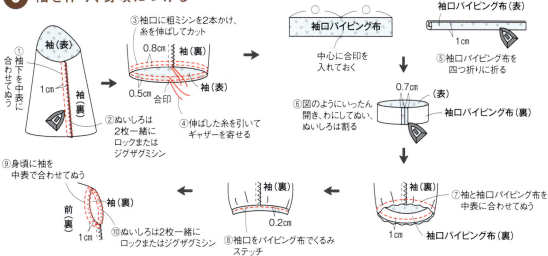

7 ボタンをつける

D シャツワンピース

photo p.9

[材料]
用尺は左から身長100／110／120／130cmの順
表布　110cm幅×130／140／150／160cm
接着芯　100cm幅×60／60／70／80cm
ボタン　直径10mm　1個
　　　　直径11.5mm　9個

[実物大型紙 A 面]

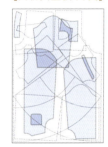

・前身頃
・後ろ身頃
・ヨーク
・袖
・ポケット
・台衿
・上衿

[裁ち方図]
単位cm　ぬいしろは指定以外1cm
用尺は上から身長100／110／120／130cmの順

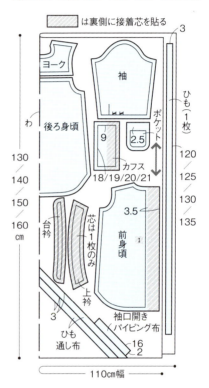

How to make

1 前身頃にひも通し口を作り、ポケットをつける

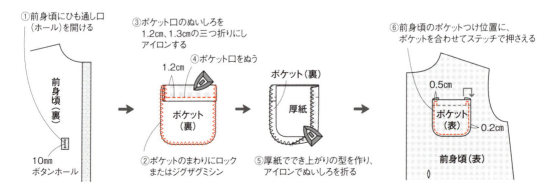

① 前身頃にひも通し口（ホール）を開ける　10mmボタンホール
② ポケットのまわりにロックまたはジグザグミシン
③ ポケット口のぬいしろを1.2cm、1.3cmの三つ折りにしアイロンする
④ ポケット口をぬう
⑤ 厚紙ででき上がりの型を作り、アイロンでぬいしろを折る
⑥ 前身頃のポケットつけ位置に、ポケットを合わせてステッチで押さえる

② ヨークをつける

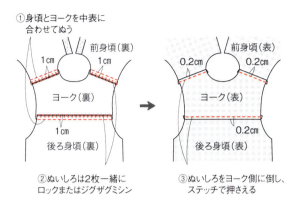

③ 袖を作り、つける

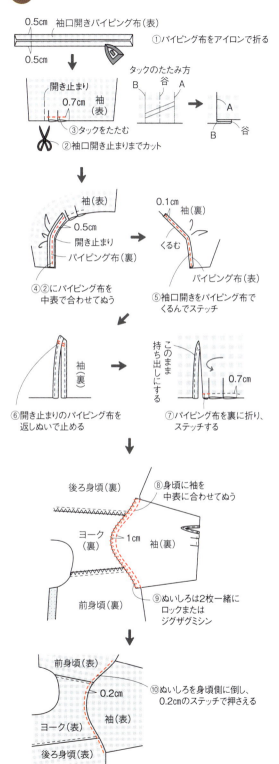

④ 裾を上げる

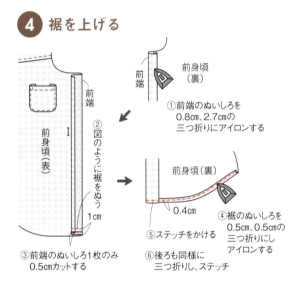

⑤ 袖下と脇をぬう

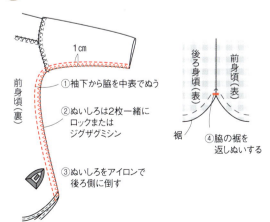

⑥ ひも通し布を身頃につけ、前端をぬう

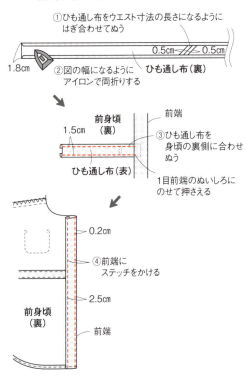

⑧ カフスを袖につける

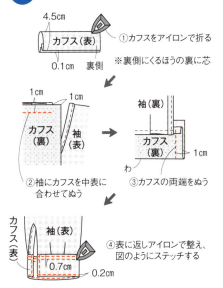

⑦ 衿を作り、身頃につける

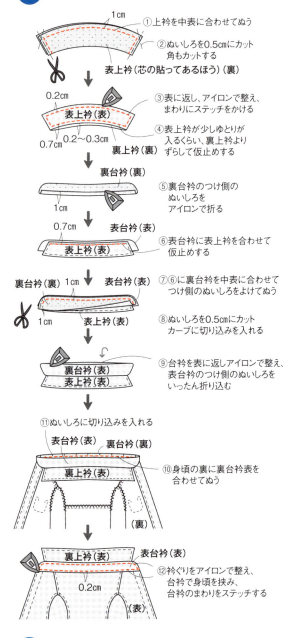

⑨ ひもを作り、ウエストに通す

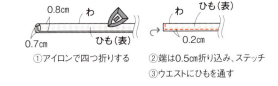

⑩ ボタンホールを開け、ボタンをつける

S けんばんハーモニカケース

photo p.20

[材料]　※32鍵盤サイズ
表布（キルティング生地）　110cm幅×40cm
※P.20で使用した「リバティプリントキルティング」
は約100cm幅です
裏布　110cm幅×40cm
ファスナー　50cm　1本

[実物大型紙 D面]

・袋布

[裁ち方図]
単位cm　ぬいしろは指定以外1cm

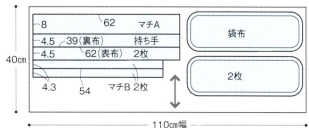

※100cm幅も同様の配置
※マチA、マチB、持ち手は表裏共に中心に合印を入れる

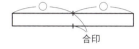

How to make

1 マチとファスナーをぬう

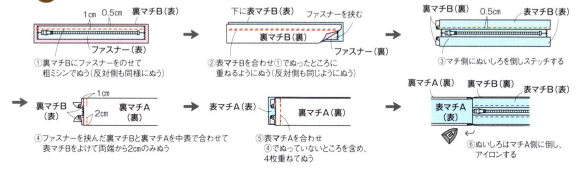

2 袋布に持ち手をつける

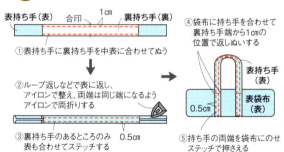

3 マチと袋布をぬう

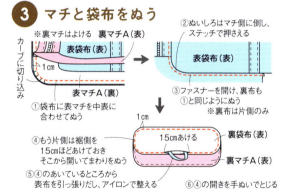

E ボーダーTシャツ

photo p.10

[材料]
用尺は左から身長90／100／110／120／130cmの順
表布（ニット地）　170cm幅×50／50／50／60／60cm
別布（ニット地）　縦20cm×横100cm（共通）
ニット用接着芯　縦30cm×横50cm（共通）
※針と糸はニット専用のものを使う

[実物大型紙 B面]

- 前身頃
- 後ろ身頃
- 袖
- 前見返し
- 後ろ見返し

[裁ち方図]
単位cm　ぬいしろは指定以外1cm
用尺は上から身長90／100／110／120／130cmの順

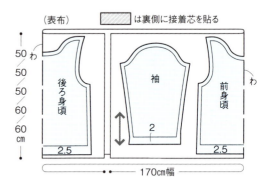

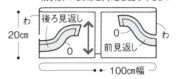

How to make

1 衿ぐりに見返しをつけ、肩をつなげる

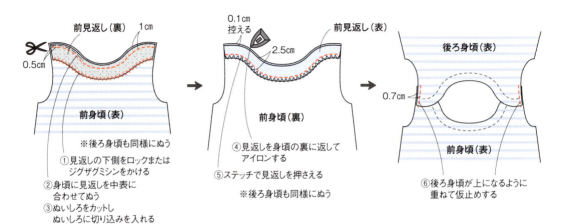

2 袖をつける

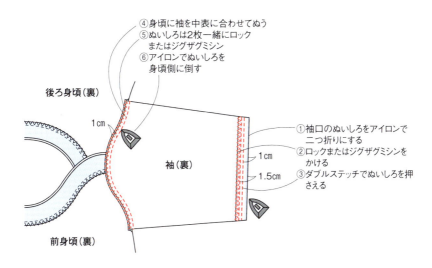

3 袖下と脇をぬう

4 裾を始末する

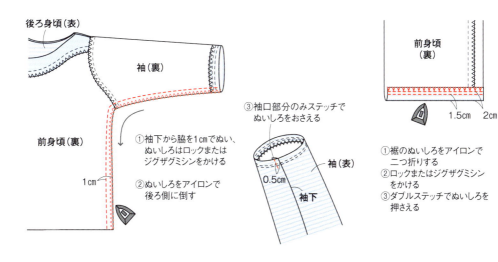

F ロールアップパンツ

photo p.10

[材料]
用尺は左から身長100／110／120／130cmの順
表布　150cm幅×70／80／80／90cm
接着芯　縦20cm×横10cm（共通）
ゴム　20mm幅×32／33／35／37cm

[実物大型紙 B面]

・前パンツ
・後ろパンツ
・ポケット
・ベルト

[裁ち方図]
単位cm　ぬいしろは指定以外1cm
用尺は上から身長100／110／120／130cmの順

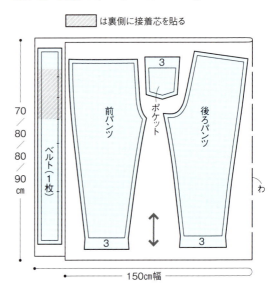

How to make

1 前パンツのタックをたたむ

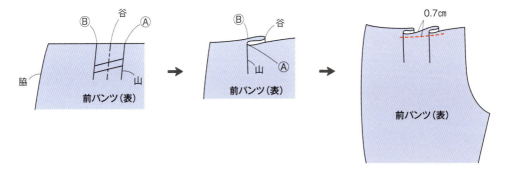

図のようにたたみ、仮止めする

2 後ろポケットをつける

①ポケットのまわりにロックまたは
　ジグザグミシンをかける
②ポケット口のぬいしろを
　1.3cm、1.7cmの三つ折りに
　アイロンする
③ポケット口をぬう

④ポケットまわりのぬいしろを
　アイロンで折る

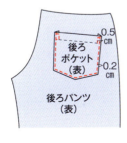

⑤後ろパンツのポケット位置に
　ポケットを合わせてステッチで
　押さえる

3 脇と股下をぬう

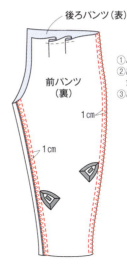

①パンツの脇と股下を中表でぬう
②ぬいしろは2枚一緒にロック
　またはジグザグミシンをかける
③ぬいしろは後ろ側に倒す

4 股上をぬう

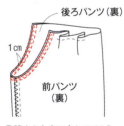

①股上を中表に合わせてぬう
②ぬいしろは2枚一緒にロック
　またはジグザグミシンをかける
③ぬいしろを右側に倒し、
　ステッチで押さえる
※P.27 Aゴムタックショートパンツ❹-③参照

5 裾を上げる

パンツ（裏）

1.5cm

①裾のぬいしろを1.3cm、1.7cmに
　三つ折りする
②ステッチをかけ、裾上げする

6 ベルトをつける

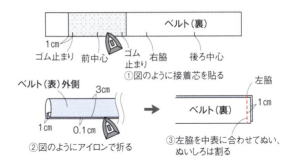

①図のように接着芯を貼る
②図のようにアイロンで折る
③左脇を中表に合わせてぬい、
　ぬいしろは割る

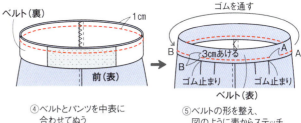

④ベルトとパンツを中表に
　合わせてぬう
⑤ベルトの形を整え、
　図のように表からステッチ

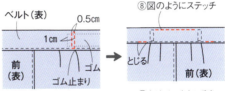

⑥AからBにゴムを通し、
　ゴム止まりの位置でステッチで
　ゴムを押さえる
⑦あけていたところを
　ステッチでとじる
⑧図のようにステッチ

G 袖フリルTシャツ

photo p.11

[材料]
用尺は左から身長100／110／120／130cmの順
表地（ニット地）　170cm幅×50／60／60／70cm
別布（フライスニット）　180cm幅×10cm（共通）
ニット用伸び止めテープ　12mm幅×15cm
※針と糸はニット専用のものを使う

[実物大型紙 B面]

・後ろ身頃
・袖後ろ
・袖中
・袖前
・前身頃

[裁ち方図]
単位cm　ぬいしろは指定以外1cm
用尺は上から身長100／110／120／130cmの順

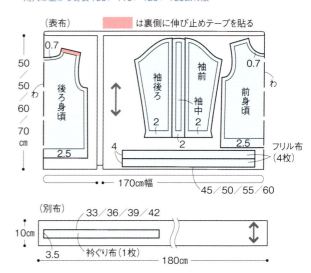

How to make

1 身頃の肩をぬう

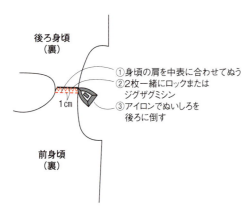

①身頃の肩を中表に合わせてぬう
②2枚一緒にロックまたはジグザグミシン
③アイロンでぬいしろを後ろに倒す

2 衿ぐりを始末する

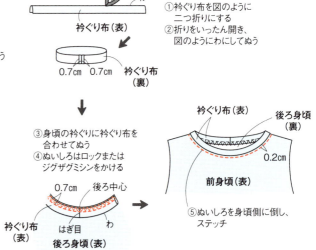

①衿ぐり布を図のように二つ折りにする
②折りをいったん開き、図のようにわにしてぬう
③身頃の衿ぐりに衿ぐり布を合わせてぬう
④ぬいしろはロックまたはジグザグミシンをかける
⑤ぬいしろを身頃側に倒し、ステッチ

3 袖を作りつける

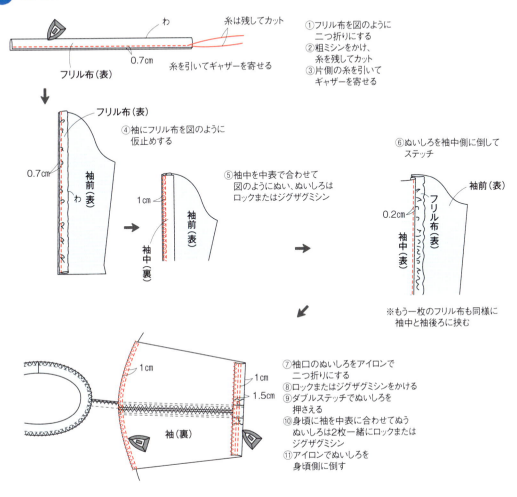

4 袖下と脇をぬう

5 裾を始末する

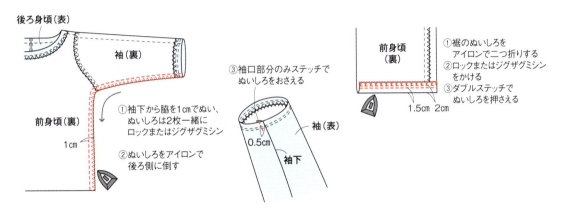

H フリルショートパンツ

photo p.11

[材料]
用尺は左から身長90／100／110／120／130cmの順
表布　144cm幅×80／80／80／90／90cm
ゴム　20mm幅×43／45／47／50／53cm

[裁ち方図]
単位cm　ぬいしろは指定以外1cm
用尺は上から身長90／100／110／120／130cmの順

[実物大型紙 B面]

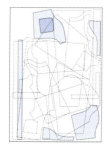

・前パンツA
・前パンツB
・後ろパンツA
・後ろパンツB
・ポケット
・フリル布

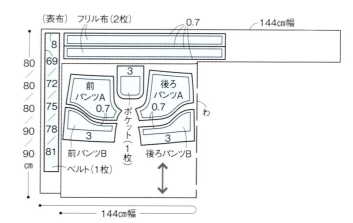

How to make

1 後ろポケットをつける

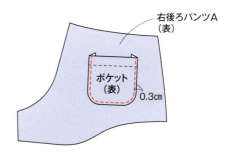

①ポケットのまわりにロックまたはジグザグミシンをかける
②ポケット口のぬいしろを1.3cm、1.7cmの三つ折りにアイロンする
③ポケット口をぬう

④厚紙でポケットの型を作り、裏側に当て、アイロンでぬいしろを折る

⑤右後ろパンツAのポケットつけ位置にポケットを合わせてステッチで押さえる

2 脇と股下をぬう

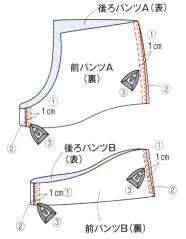

①パンツの脇と股下を中表でぬう
②ぬいしろは2枚一緒にロックまたはジグザグミシンをかける
③ぬいしろは後ろ側に倒す

3 裾を上げる

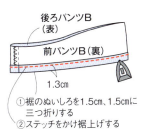

①裾のぬいしろを1.5cm、1.5cmに三つ折りする
②ステッチをかけ裾上げする

4 フリルを作り、つける

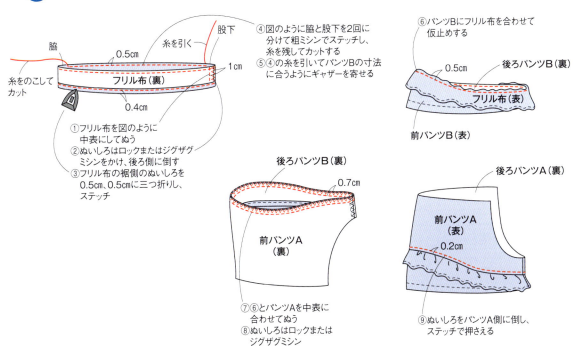

①フリル布を図のように中表にしてぬう
②ぬいしろはロックまたはジグザグミシンをかけ、後ろ側に倒す
③フリル布の裾側のぬいしろを0.5cm、0.5cmに三つ折りし、ステッチ

④図のように脇と股下を2回に分けて粗ミシンでステッチし、糸を残してカットする
⑤④の糸を引いてパンツBの寸法に合うようにギャザーを寄せる

⑥パンツBにフリル布を合わせて仮止めする

⑦⑥とパンツAを中表に合わせてぬう
⑧ぬいしろはロックまたはジグザグミシン

⑨ぬいしろをパンツA側に倒し、ステッチで押さえる

5 股上をぬう
※P.53 Mショートパンツ❺参照

6 ベルトをつける
※P.53 Mショートパンツ❼参照

I ヨークフリルブラウス

photo p.12

[材料]

用尺は左から身長90／100／110／120／130cmの順

表布　110cm幅×100／110／120／160／170cm

※P.12で使用した「コットンリネンレジェール」は105cm幅です

ボタン　直径11.5mm　1個

[実物大型紙 B 面]

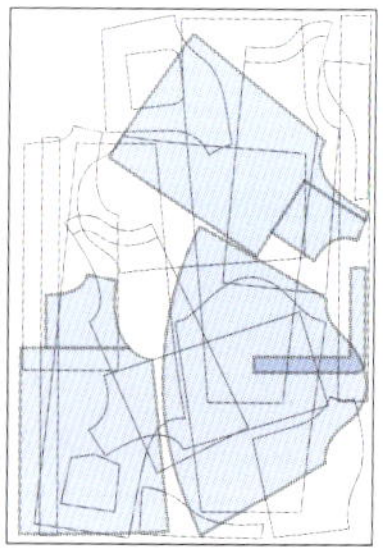

・前身頃
・後ろ身頃
・前ヨーク
・後ろヨーク
・袖
・フリル

[裁ち方図] 単位cm　ぬいしろは指定以外1cm
用尺は上から身長90／100／110／120／130cmの順

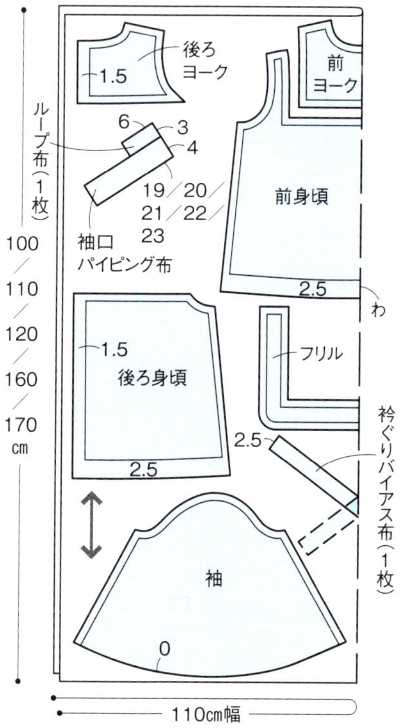

後ろヨーク
1.5
前ヨーク
ループ布（1枚）
6
3
4
19／20／21／22／23
袖口パイピング布
前身頃
2.5
わ
100／110／120／160／170cm
1.5
後ろ身頃
2.5
フリル
2.5
衿ぐりバイアス布（1枚）
袖
0
110cm幅

※105cm幅も同様の配置
※120cm、130cmサイズの袖は生地を広げて1枚ずつ裁断する

How to make

1 後ろ身頃の中心をぬう

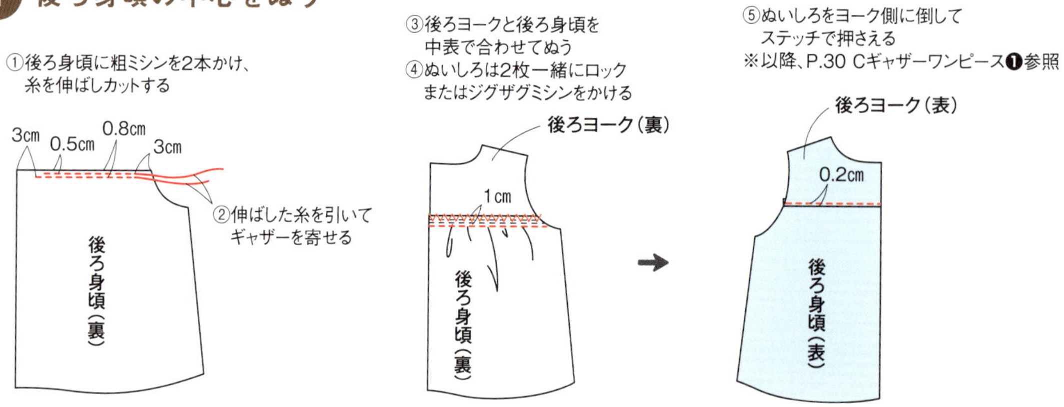

①後ろ身頃に粗ミシンを2本かけ、糸を伸ばしカットする
3cm
0.5cm
0.8cm
3cm
②伸ばした糸を引いてギャザーを寄せる
後ろ身頃（裏）
③後ろヨークと後ろ身頃を中表で合わせてぬう
④ぬいしろは2枚一緒にロックまたはジグザグミシンをかける
後ろヨーク（裏）
1cm
後ろ身頃（裏）
⑤ぬいしろをヨーク側に倒してステッチで押さえる
※以降、P.30 Cギャザーワンピース❶参照
後ろヨーク（表）
0.2cm
後ろ身頃（表）

2 前身頃と前ヨークをぬう

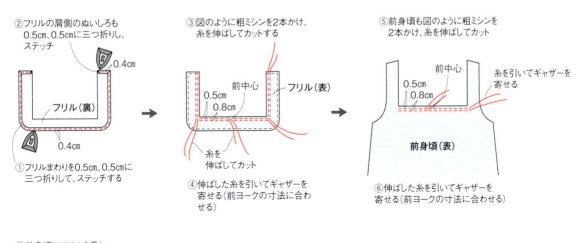

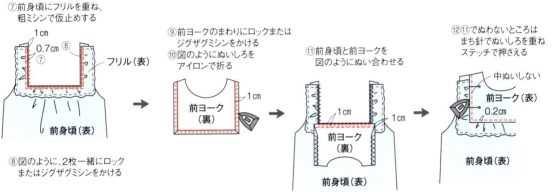

3 身頃の肩と脇をぬう
※P.31 C ギャザーワンピース ❷参照

4 衿ぐりを始末する
※P.31 C ギャザーワンピース ❸参照

5 裾を上げる
※P.31 C ギャザーワンピース ❹参照

6 袖を作り、身頃につける
※P.31 C ギャザーワンピース ❻参照

7 ボタンをつける

J スカラップレースのブラウス

photo p.12

[材料]
用尺は左から身長90／100／110／120／130の順
表布（両耳スカラップ生地）110cm幅×70／80／90／100／110cm
※P.12で使用したスカラップ生地は、約98cm幅です
ボタン　直径11.5mm　1個

[実物大型紙 C面]

・前身頃
・後ろ身頃
・前見返し
・後ろ見返し
・袖
・前裾布
・後ろ裾布

[裁ち方図]
単位cm　ぬいしろは指定以外1cm
用尺は上から身長90／100／110／120／130の順

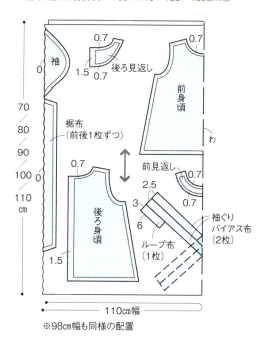

How to make

1 後ろ身頃の中心をぬう

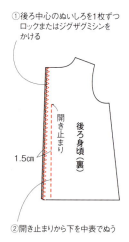

①後ろ中心のぬいしろを1枚ずつロックまたはジグザグミシンをかける

②開き止まりから下を中表でぬう

③ぬいしろを割り、開き止まりから上は三つ折りする

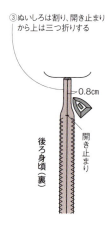

2 裾布をつける

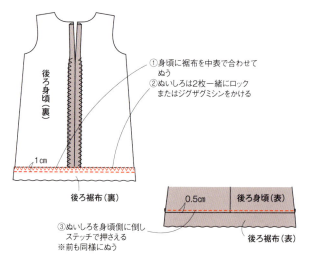

①身頃に裾布を中表で合わせてぬう
②ぬいしろは2枚一緒にロックまたはジグザグミシンをかける
③ぬいしろを身頃側に倒してステッチで押さえる
※前も同様にぬう

③ 肩をぬう

① 肩を中表に合わせてぬう
② ぬいしろは2枚一緒にロックまたはジグザグミシンをかける
③ ぬいしろを後ろ側にアイロンで倒す

④ 衿ぐりを始末する

① ループを作る
※P.30 Cギャザーワンピース[ループを作る]参照
② 厚紙で見返しの型を作り、裏に当てて下側のぬいしろをアイロンで折る
※前も同様

③ 見返しの肩を中表に合わせてぬい、ぬいしろは割る

④ ループを後ろ右側に仮止めする
⑤ 身頃の衿ぐりに見返しを合わせてぬう
⑥ 余分なぬいしろはカットし、カーブに切り込みを入れる

⑦ 見返しを返し、アイロンで整える
⑧ 見返しをステッチで押さえる
⑨ 後ろ開きのまわりをステッチする

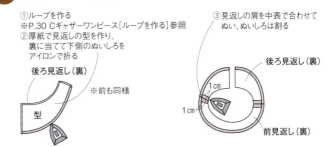
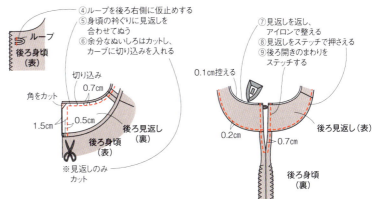

⑤ 袖をつけ、脇をぬう

① 身頃に袖を中表に合わせてぬう
② 身頃の脇を中表に合わせてぬう
③ ぬいしろは2枚一緒にロックまたはジグザグミシンをかける
④ ぬいしろを後ろ側にアイロンで倒す
⑤ 裾のぬいしろを返しぬいで押さえる

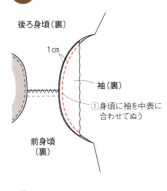
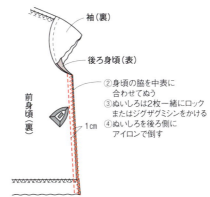

⑥ 袖ぐりを始末する

① 袖ぐりバイアス布の片側をアイロンで折る
② 図のように袖ぐりにバイアス布を中表で合わせてぬう
③ バイアス布を脇の位置で合わせてぬう
④ ③のぬいしろをカットし、割る
⑤ 図のように袖ぐりをつなげてぬう
⑥ 袖ぐりのぬいしろを0.5cmにカットし、全体に切り込みを入れる
⑦ バイアス布を裏側に返してステッチで押さえる

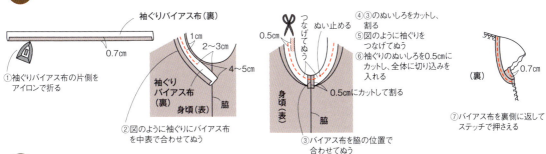

⑦ ボタンをつける

K チュールギャザーブラウス
photo p.13

[材料]
用尺は左から身長90／100／110／120／130cmの順
表布　110cm幅×110／120／130／140／150cm
チュール　110cm幅×50／60／60／70／70cm

[実物大型紙 C面]

- 前ヨーク
- 後ろヨーク
- 身頃
- チュール
- 前見返し
- 後ろ見返し
- 袖

[裁ち方図]
単位cm　ぬいしろは指定以外1cm
用尺は上から身長90／100／110／120／130cmの順

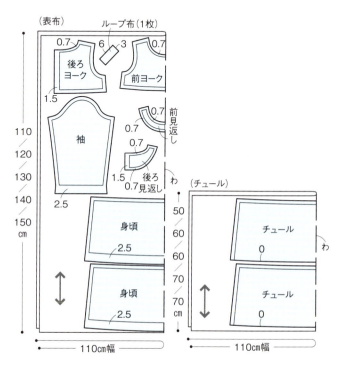

How to make

1 後ろヨークの中心をぬう

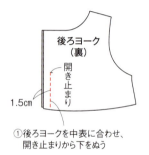

①後ろヨークを中表に合わせ、開き止まりから下をぬう

②割りアイロンした後、0.7cm、0.8cmの三つ折りにアイロンで折る

2 肩をぬう
※P.47 J スカラップレースのブラウス ❸ 参照

3 衿ぐりを始末する
※P.47 J スカラップレースのブラウス ❹ 参照

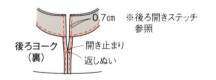

※後ろ開きステッチ参照

④ 脇をぬい、裾を上げる

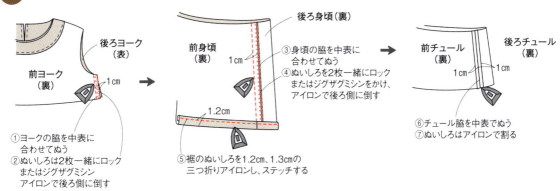

⑤ 身頃とチュールにギャザーを寄せ、重ねる

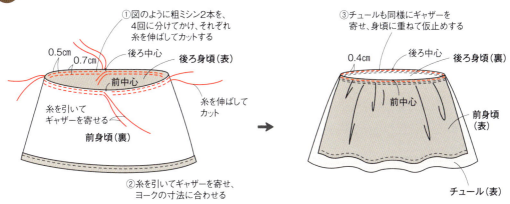

⑥ ヨークと身頃をぬい合わせる

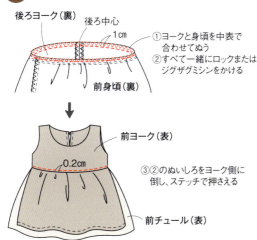

⑦ 袖を作り、身頃につける

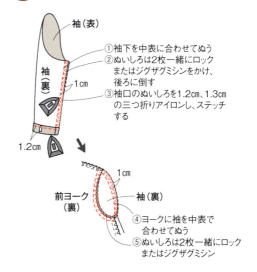

⑧ ボタンをつける

L 丸衿ギャザーブラウス

photo p.14

[材料]
用尺は左から身長90／100／110／120／130の順
表布　110cm幅×80／80／90／100／100cm
※P.14で使用した「天使のリネン」は100cm幅です
接着芯　縦20cm×横50cm
ボタン　11.5mm　1個

[実物大型紙 C面]

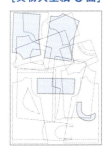

・前身頃
・後ろ身頃
・ペプラム
・衿

[裁ち方図]
単位cm　ぬいしろは指定以外1cm
用尺は上から身長90／100／110／120／130の順

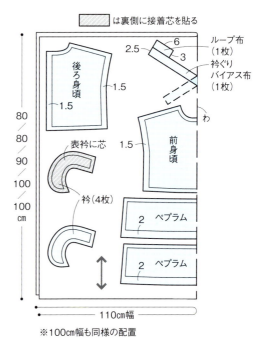

※100cm幅も同様の配置

How to make

1 後ろ身頃の中心をぬう

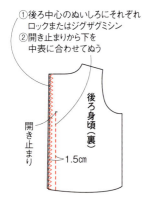

①後ろ中心のぬいしろにそれぞれ
　ロックまたはジグザグミシン
②開き止まりから下を
　中表に合わせてぬう

③ぬいしろは割り、開き止まり
　から上は三つ折りになるよう
　アイロンで折る

④後ろ身頃右にループを挟み、
　ステッチで止める
⑤開きまわりにステッチをかける

※ループの作り方p.30参照

2 身頃の肩と脇をぬう

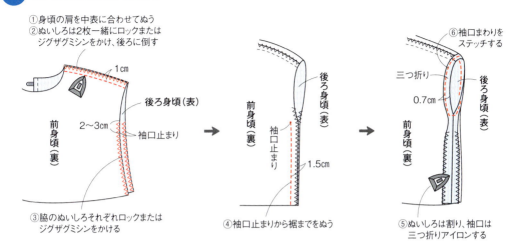

① 身頃の肩を中表に合わせてぬう
② ぬいしろは2枚一緒にロックまたはジグザグミシンをかけ、後ろに倒す
③ 脇のぬいしろそれぞれロックまたはジグザグミシンをかける
④ 袖口止まりから裾までをぬう
⑤ ぬいしろは割り、袖口は三つ折りアイロンする
⑥ 袖口まわりをステッチする

3 衿をつける

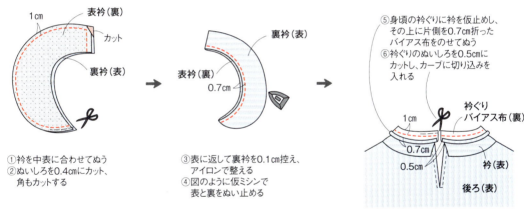

① 衿を中表に合わせてぬう
② ぬいしろを0.4cmにカット、角もカットする
③ 表に返して裏衿を0.1cm控え、アイロンで整える
④ 図のように仮ミシンで表と裏をぬい止める
⑤ 身頃の衿ぐりに衿を仮止めし、その上に片側を0.7cm折ったバイアス布をのせてぬう
⑥ 衿ぐりのぬいしろを0.5cmにカットし、カーブに切り込みを入れる
⑦ バイアス布を裏側に返しステッチで押さえる
⑧ 後ろ中心のバイアス布は折り込んでまつる

4 ペプラムの脇をぬい、裾を上げる

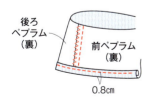

① ペプラムの脇を中表に合わせてぬう
② ぬいしろは2枚一緒にロックまたはジグザグミシンをかけ、後ろ側に倒す
③ 裾のぬいしろを1cm、1cmに三つ折りし、アイロンする
④ ステッチで裾を上げる

5 身頃とペプラムをぬい合わせる

※P.31 **C ギャザーワンピース** ⑤ 参照

6 ボタンをつける

M ショートパンツ

photo p.14

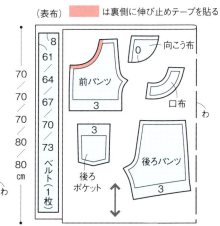

[材料]
用尺は左から身長90／100／110／120／130の順
表布　110cm幅×70／70／70／80／80cm
別布　縦30cm×横80cm
伸び止めテープ（ハーフバイアス）　12mm幅×40cm（共通）
ゴム　20mm幅×43／45／47／50／53cm

[実物大型紙 C面]

・前パンツ
・後ろパンツ
・向こう布
・口布
・袋布
・後ろポケット

[裁ち方図]
単位cm　ぬいしろは指定以外1cm
用尺は上から身長90／100／110／120／130cmの順

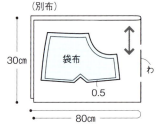

How to make

1 前ポケットを作る

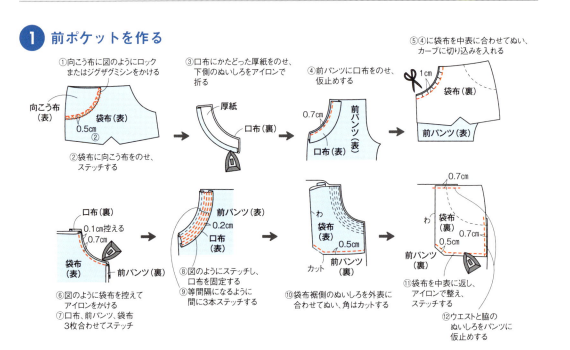

2 後ろポケットをつける

①ポケットのまわりにロックまたはジグザグミシンをかける
②ポケット口のぬいしろを1.3cm、1.7cmの三つ折りにアイロンする
③ポケット口をぬう

⑤後ろパンツのポケット位置にポケットを合わせてステッチで押さえる

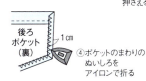

④ポケットのまわりのぬいしろをアイロンで折る

3 脇をぬう

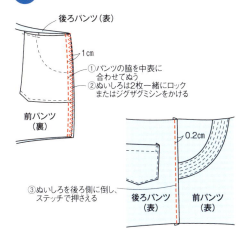

①パンツの脇を中表に合わせてぬう
②ぬいしろは2枚一緒にロックまたはジグザグミシンをかける
③ぬいしろを後ろ側に倒し、ステッチで押さえる

4 股下をぬう

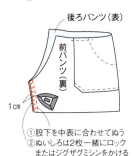

①股下を中表に合わせてぬう
②ぬいしろは2枚一緒にロックまたはジグザグミシンをかける
③ぬいしろを後ろ側に倒す

5 股上をぬう

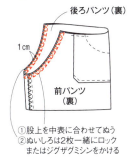

①股上を中表に合わせてぬう
②ぬいしろは2枚一緒にロックまたはジグザグミシンをかける

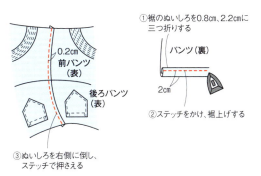

③ぬいしろを右側に倒し、ステッチで押さえる

6 裾を上げる

①裾のぬいしろを0.8cm、2.2cmに三つ折りする
②ステッチをかけ、裾上げする

7 ベルトをつける

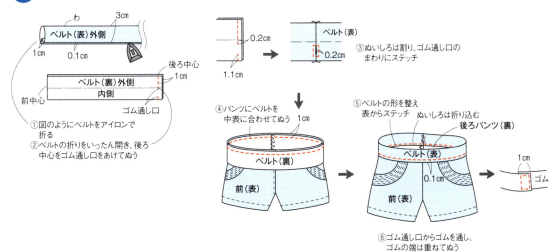

①図のようにベルトをアイロンで折る
②ベルトの折りをいったん開き、後ろ中心をゴム通し口をあけてぬう
③ぬいしろは割り、ゴム通し口のまわりにステッチ
④パンツにベルトを中表に合わせてぬう
⑤ベルトの形を整え表からステッチ　ぬいしろは折り込む
⑥ゴム通し口からゴムを通し、ゴムの端は重ねてぬう

N フリル袖ブラウス

photo p.16

[材料]
用尺は左から身長90／100／110／120／130の順
表布　110cm幅×80／80／90／90／110cm
接着芯　縦50cm×横10cm（共通）
ボタン　直径11.5mm　5個

[実物大型紙 C面]

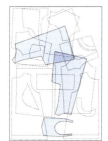

・前身頃
・後ろ身頃
・脇布

[裁ち方図]
単位cm　ぬいしろは指定以外1cm
用尺は上から身長90／100／110／120／130cmの順

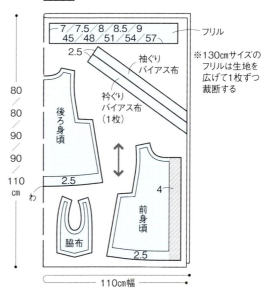

※130cmサイズのフリルは生地を広げて1枚ずつ裁断する

How to make

1 身頃の肩と脇をぬう

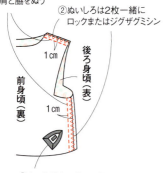

① 身頃を中表に合わせて肩と脇をぬう
② ぬいしろは2枚一緒にロックまたはジグザグミシン
③ ぬいしろをアイロンで後ろ側に倒す

2 衿ぐりを始末する

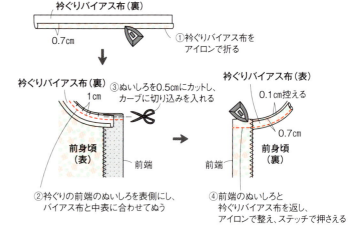

① 衿ぐりバイアス布をアイロンで折る
② 衿ぐりの前端のぬいしろを表側にし、バイアス布と中表に合わせてぬう
③ ぬいしろを0.5cmにカットし、カーブに切り込みを入れる
④ 前端のぬいしろと衿ぐりバイアス布を返し、アイロンで整え、ステッチで押さえる

3 裾を始末する

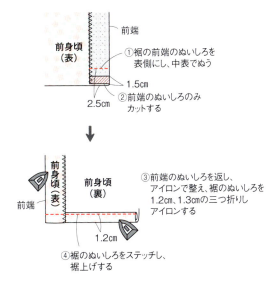

5 フリルをぬう

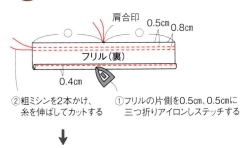

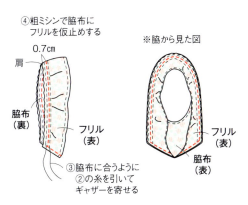

4 袖ぐりを始末する

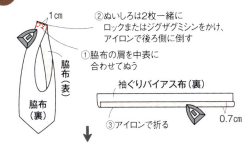

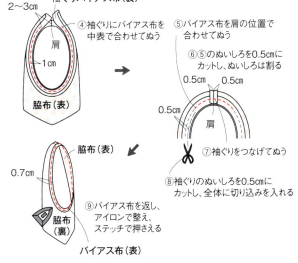

6 身頃と脇布をぬい合わせる

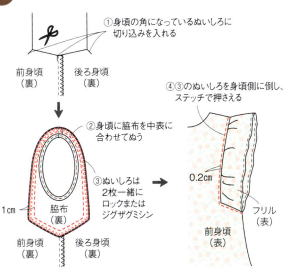

7 ボタンホールを開け、ボタンをつける

※ボタンホールは横穴にする

O テーパードパンツ

photo p.17

[材料]
用尺は左から身長90／100／110／120／130cmの順
表布（コーデュロイ） 110cm幅×80／90／100／110／120cm
ゴム 20mm幅×43／45／47／50／53cm

[実物大型紙 D面]

・前パンツ
・後ろパンツ
・ポケット

[裁ち方図]
単位cm　ぬいしろは指定以外1cm
用尺は上から身長90／100／110／120／130cmの順

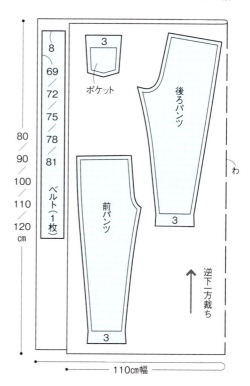

How to make

1 後ろポケットをつける
※P.53 Mショートパンツ❷参照

2 脇と股下をぬう
※P.39 Fロールアップパンツ❸参照

3 股上をぬう
※P.53 Mショートパンツ❺参照

4 裾を上げる
※P.39 Fロールアップパンツ❺参照

5 ベルトをつける
※P.53 Mショートパンツ❼参照

P チェスターコート

photo p.18

[材料]
用尺は左から身長100／110／120／130cmの順
表布　110cm幅×150／160／180／190cm
接着芯　100cm幅×60／60／70／80cm
伸び止めテープ（ストレート）　1.2cm幅×150／160／170／180cm
伸び止めテープ（ハーフバイアス）　1.2cm幅×40／40／50／50cm
ボタン　直径18mm　3個

[実物大型紙 D面]

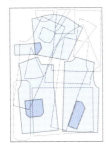

・前身頃
・後ろ身頃
・前見返し
・後ろ見返し
・表衿
・裏衿
・ポケット
・袖

[裁ち方図]
単位cm　ぬいしろは指定以外1cm
用尺は上から身長100／110／120／130cmの順

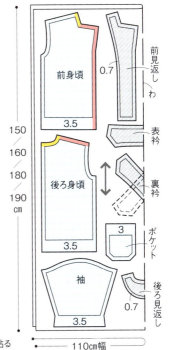

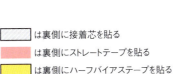

は裏側に接着芯を貼る
は裏側にストレートテープを貼る
は裏側にハーフバイアステープを貼る

How to make

1 後ろ身頃の中心をぬう

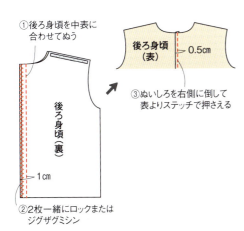

①後ろ身頃を中表に合わせてぬう
②2枚一緒にロックまたはジグザグミシン
③ぬいしろを右側に倒して表よりステッチで押さえる

2 前身頃にポケットをつける

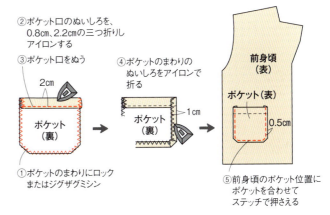

①ポケットのまわりにロックまたはジグザグミシン
②ポケット口のぬいしろを、0.8cm、2.2cmの三つ折りしアイロンする
③ポケット口をぬう
④ポケットのまわりのぬいしろをアイロンで折る
⑤前身頃のポケット位置にポケットを合わせてステッチで押さえる

3 肩をぬう

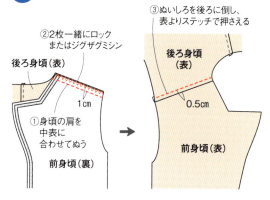

4 袖をつける

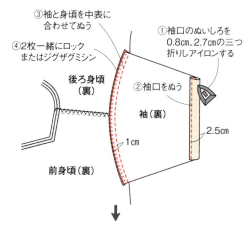

5 袖下と脇をぬう

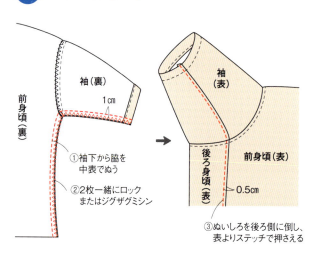

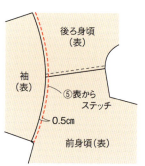

6 身頃に裏衿をつける

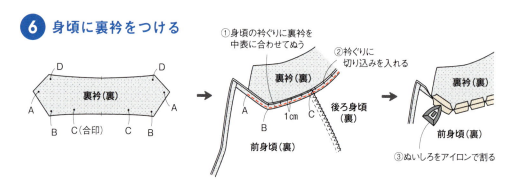

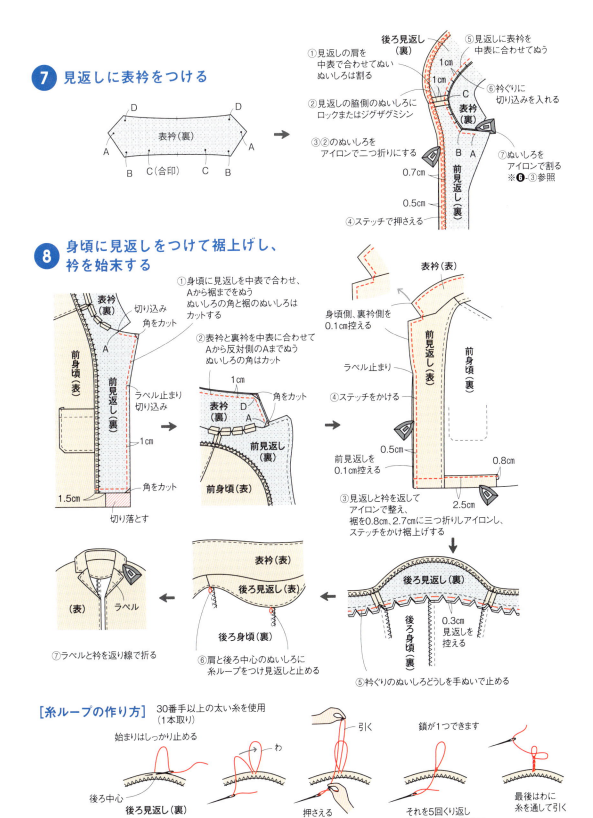

Q マチつきフレアスカート

photo p.19

[材料]
用尺は左から身長90／100／110／120／130cmの順
表布（ミニ裏毛） 180cm幅×60／70／80／90／100cm
別布（リブ） 45cmW幅×10cm（共通）
ニット用伸び止めテープ（ストレート） 12mm幅×50cm（共通）
ゴム 25mm幅×43／45／47／50／53cm
※針と糸はニット専用のものを使う

[実物大型紙 D面]

- 前スカート
- 後ろスカート
- マチ大
- マチ小
- 袋布

[裁ち方図]
単位cm ぬいしろは指定以外1cm
用尺は上から身長90／100／110／120／130cmの順

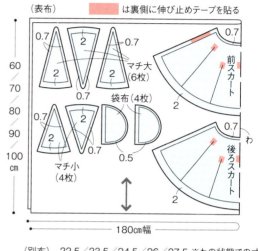

How to make

1 スカートとマチをぬい合わせる

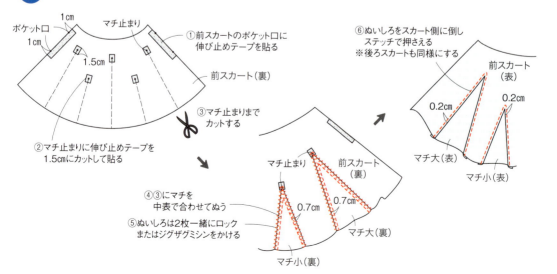

2 ポケットを作る

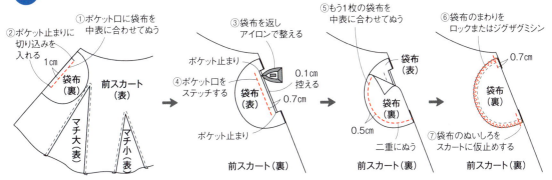

3 脇をぬう

4 裾を上げる

5 ベルトをつける

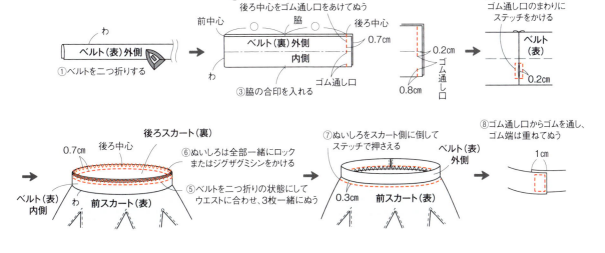

R タックスカート

photo p.19

[材料]
用尺は左から身長100／110／120／130㎝の順
表布　110㎝幅×90／90／100／110㎝
別布（シーチング薄手）　110㎝幅×30㎝（共通）
伸び止めテープ（ストレート）　12㎜幅×40㎝（共通）
ゴム　20㎜幅×43／45／47／50／53㎝

[実物大型紙 D 面]

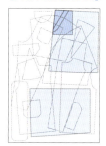

・前スカート
・後ろスカート
・向こう布
・袋布

[裁ち方図]
単位㎝　ぬいしろは指定以外1㎝
用尺は上から身長100／110／120／130㎝の順

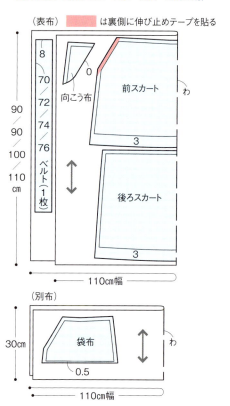

How to make

1 タックをぬう

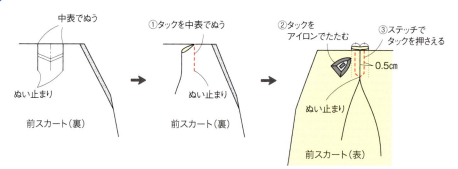

2 ポケットを作る

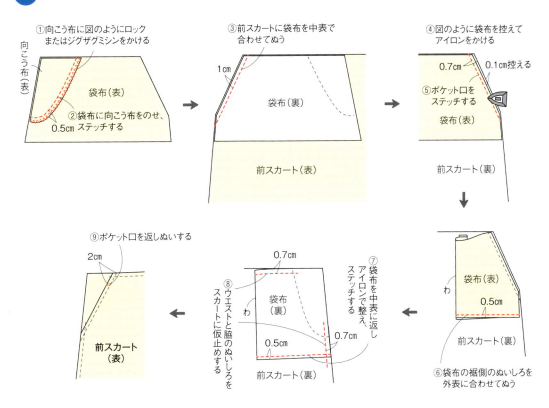

3 脇をぬう

4 裾を上げる

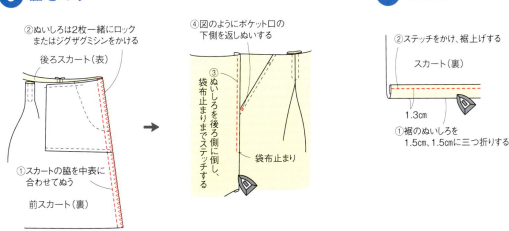

5 ベルトをつける
※P.53 Mショートパンツ❼参照

朝井牧子 あさいまきこ

文化服装学院アパレルデザイン科を卒業、サンプル縫製会社にてメーカーやコレクションラインのアイテムを中心に制作。その後アパレルメーカーでデザイナーを経て出産を期に退社。現在はネットショップ『enanna』にてハンドメイドの子供服を制作している。著書には『ハンドメイドベビー服 enanna の 80～90 センチサイズのかわいいお洋服』『ハンドメイドベビー服 enanna の 80～100 センチサイズのかわいい春夏お洋服』『ハンドメイドベビー服 enanna の 80～100 センチサイズのかわいい秋冬お洋服』『ハンドメイドベビー服 enanna の 80～120 センチサイズの男の子と女の子のパンツ』（小社刊）がある。

[この本でご協力いただいた会社（生地提供）]

生地の森（通販）
http://www.kijinomori.com/

jack & bean
http://www.jack-b.jp/index.html

CHECK&STRIPE 吉祥寺店
http://checkandstripe.com/

撮　影	下村しのぶ
スタイリスト	曲田有子
ヘアメイク	梅沢優子
モデル	グレイス ウィザース（Sugar & Spice） クラシナ ミア（Awesome） 春月
トレース	松尾容巳子（Mondo Yumico）
ブックデザイン	石田百合絵（ME & MIRACO）
校　閲	校正舎楷の木
編　集	大野雅代（クリエイト ONO）
進　行	鏑木香緒里

[読者の皆様へ]

本書の内容に関するお問い合わせは、
お手紙または
FAX　03-5360-8047
メール　info@TG-NET.co.jp
にて承ります。
恐縮ですが、電話でのお問い合わせは
ご遠慮ください。
『ハンドメイドベビー服 enanna の
90～130 センチサイズのこども服』編集部

＊本書に掲載している作品の複製・販売は
　ご遠慮ください。

ハンドメイドベビー服 enanna（エナンナ）の 90～130 センチサイズのこども服

平成 29 年 4 月 15 日 初版第 1 刷発行

著　者	朝井牧子
発行者	穂谷竹俊
発行所	株式会社日東書院本社 〒160-0022 東京都新宿区新宿 2 丁目 15 番 14 号 辰巳ビル TEL. 03-5360-7522（代表）　FAX. 03-5360-8951（販売部） 振替　00180-0-705733　URL　http://www.TG-NET.co.jp
印　刷	三共グラフィック株式会社
製　本	株式会社セイコーバインダリー

本書の無断複写複製（コピー）は、著作権法上での例外を除き、著作者、出版社の権利侵害となります。
乱丁・落丁はお取り替えいたします。小社販売部までご連絡ください。

©Makiko Asai2017,Printed in Japan　ISBN 978-4-528-02145-7　C2077